DISCOURS

SUR

L'ÉTUDE DU DROIT DE LA NATURE

ET DES GENS.

PARIS. — IMPRIMERIE DE CASIMIR, RUE DE LA VIEILLE-MONNAIE, N° 12.

DISCOURS

SUR L'ÉTUDE

DU DROIT DE LA NATURE

ET DES GENS,

PAR SIR JAMES MACKINTOSH,

MEMBRE DU PARLEMENT D'ANGLETERRE;

TRADUIT DE L'ANGLAIS

PAR M. PAUL ROYER-COLLARD,

Avocat à la cour royale de Paris, et professeur de Droit des gens
à la Faculté de droit.

A PARIS,

CHEZ J.-P. AILLAUD, LIBRAIRE, QUAI VOLTAIRE, N° 11.

—

1830.

DISCOURS

SUR

L'ÉTUDE DU DROIT DE LA NATURE

ET DES GENS,

PAR SIR JAMES MACKINTOSH,

MEMBRE DU PARLEMENT D'ANGLETERRE.

- -

Avant de commencer une série de leçons sur une science aussi vaste et aussi importante, je crois devoir faire connaître au public les raisons qui m'ont déterminé à entreprendre un semblable travail, et présenter un exposé rapide de la nature et des objets du cours que je me propose de faire. Les premières années de la profession que j'ai embrassée laissent ordinairement un loisir que des hommes laborieux, même avec des talents médiocres, pourraient souvent employer d'une manière qui ne fût ni dénuée d'intérêt pour eux, ni complètement inutile pour les autres; j'ai toujours été décidé à ne pas consumer lâchement ce loisir dans une infructueuse inaction. Dans ce but, j'ai cherché soigneusement à remplir un temps aussi précieux d'une manière utile à la société, autant que ma faible capacité pourrait me le permettre. J'étais convaincu depuis long-temps que le meilleur moyen d'enseigner les éléments d'une science quelconque consistait dans l'usage des leçons publiques, usage adopté dans presque tous les lieux et tous les âges; qu'un semblable exercice, plus que tout autre, a pour effet de réveiller l'attention du disciple, d'abréger ses travaux, de le guider dans ses recherches, de lui sauver l'ennui des études solitaires, et de graver dans sa mémoire les principes de la science. Je ne voyais aucune raison de ne pas appliquer ce mode d'instruction au Droit anglais; je ne comprenais pas comment cette science, aussi bien que toute autre, ne pourrait pas profiter de ce genre d'enseignement. Mais déjà un de mes savants compatriotes avait entrepris cette tâche *, et il persévèrera, je n'en doute pas, dans ses utiles travaux. Loin de moi la pensée d'anticiper sur son domaine. J'ai jeté les yeux sur une autre science étroitement liée avec toutes les études judiciaires, et qui a été pour moi le sujet de beaucoup de lectures et de méditations; j'ai pensé qu'une série de leçons sur cette matière serait d'abord une excellente préparation à l'étude du Droit anglais, qu'on pourrait en outre les faire entrer dans le cadre de l'instruction commune, à raison de l'intérêt qu'elles offriraient même à ceux qui ne se destinent pas à la carrière des lois. J'ai été confirmé dans mon opinion par l'approbation de plusieurs personnes qu'il ne vaut pas la peine de nommer ici, mais dont l'assentiment ajouterait quelque

---

* Voyez le Programme d'un cours sur le Droit anglais, ouvert à Lincoln's Inn, par M. Nolan. *Londres*, 1796.

poids à la vérité, et pourrait même jusqu'à un certain point justifier l'erreur. Soutenu par leurs encouragements, je me suis déterminé à commencer sans délai l'entreprise que je vais exposer. Je pourrais prévenir ou réfuter les observations de ceux qui me reprocheraient peut-être de m'écarter de la ligne commune de ma profession ; mais je me bornerai à remarquer que ces mêmes hommes ne m'auraient demandé aucun compte de mon loisir, si je l'avais employé à des bagatelles, ou même si je l'avais perdu dans la dissipation : par conséquent je ne m'excuserai pas de l'avoir consacré à des travaux raisonnables et utiles.

La science qui fait connaître les droits et les devoirs des hommes et des États, a été appelée dans les temps modernes *le Droit de la nature et des gens*. Sous ce titre sont compris tous les principes de la morale, en tant qu'ils règlent la conduite des individus entre eux dans les différentes relations de la vie ; en tant qu'ils déterminent la soumission des citoyens aux lois, et l'autorité des magistrats, soit dans la législation, soit dans le gouvernement ; en tant qu'ils fixent les rapports des Nations indépendantes dans la paix, et qu'ils mettent des bornes à leurs hostilités dans la guerre. Cette science importante n'embrasse que la partie de la *morale privée* qui est susceptible d'être réduite à des règles générales et invariables. Elle ne renferme que ces principes généraux de *jurisprudence* et de *politique* que la sagesse du législateur adapte à la position spéciale de son pays, et que l'habileté de l'homme d'État applique aux circonstances infiniment incertaines et variables qui intéressent immédiatement le bien-être et le salut de la société. « Il y a dans la nature des sources de justice « d'où toutes les lois civiles découlent comme des ruis- « seaux, et de même que les eaux prennent la teinte et « le goût des différents terrains qu'elles traversent, « ainsi les lois civiles varient avec les régions et les gou- « vernements des diverses contrées, quoique provenant « des mêmes sources *. » Bacon, *Dign. and adv. of learn.*

Quant aux questions de morale, de politique et de droit civil, cette science se borne à exposer les vérités fondamentales dont l'application particulière est aussi variée que les détails de la vie publique et de la vie privée des hommes, d'indiquer les *sources de la jus- tice*, sans suivre les *ruisseaux* dans la diversité infinie de leurs détours. Mais une autre partie de mon sujet demande à être beaucoup plus approfondie et dévelop- pée ; je veux dire cette branche importante qui règle les relations des États entre eux, et surtout, à raison de leur plus grande perfection et de leur plus grande uti- lité pratique, les règles de ces relations comme elles ont été modifiées par l'usage des Nations civilisées de la chrétienté. Ici la science ne s'arrête plus aux principes généraux. Ce que nous appelons aujourd'hui le Droit

---

* Cette pensée est si noble, que l'inexactitude de la méta- phore ne m'a pas empêché de la citer. M. Hume l'avait sans doute présente à l'esprit, lorsqu'il écrivait un morceau remar- quable de ses ouvrages. — Voyez Hume's *Essays*, tome 2, pag. 352. Édition de Londres, 1788.

des gens est devenu en beaucoup de points, aux yeux
des Nations de l'Europe, aussi précis et aussi certain que
le Droit positif; ses principes se trouvent spécialement
établis dans les écrits de ceux qui ont traité de la science
dont je vais m'occuper. Et comme ils ont rapproché,
d'une manière tout-à-fait propre aux temps modernes,
les devoirs des individus et les devoirs des Nations,
comme ils ont fait reposer les obligations des uns et des
autres sur les mêmes bases, cette science dans son ensemble a été appelée *le Droit de la nature et des gens.*

Il serait plus curieux qu'utile de rechercher si cette
dénomination est la plus convenable, et par quel en-
chaînement elle est venue à être adoptée par les moralistes et les jurisconsultes modernes *; cette question,

---

* Le lecteur sait que les mots *Jus naturæ* et *Jus gentium*
ont chez les jurisconsultes romains un sens bien différent de
ce que nous entendons dans les langages modernes par le
Droit de la nature et le *Droit des gens.* « Jus naturale, dit
Ulpien, est quod natura omnia animalia docuit. » *Fr.* 1, § 3.
D. de justitiâ et jure. « Quod naturalis ratio inter omnes homines constituit, idque apud omnes peræquè custoditur, voca-
tur jus gentium. » *Caïus, fr.* 9, *ibid.* Quelquefois ils con-
fondent le Droit naturel et le Droit des gens. *Inst.,* § 2, *De
rerum divisione.* Ce que nous appelons Droit des gens, les
Romains le nommaient *Jus feciale.* « Belli quidem æquitas
sanctissimè populi Romani feciali jure perscripta est. » *Cicéron,
de officiis, l.* 1, *n.* 11. Aussi le célèbre Zouch a-t-il intitulé
son ouvrage, *De jure feciali, sive de jure inter gentes.* Le chan-
celier d'Aguesseau, sans connaître probablement l'ouvrage de

si elle mérite d'être discutée d'une manière approfondie, sera mieux placée dans les développemens du cours, que dans les bornes nécessairement restreintes d'une introduction. Toutefois, si les noms sont en général très-arbitraires, la division de l'enseignement, quoique pouvant souvent varier sans inconvénient, dépend toujours de quelques principes immuables. La méthode moderne de considérer la morale des individus et la morale des Nations comme assujetties aux mêmes principes, me semble aussi convenable que raisonnable. Les mêmes règles de morale qui lient les hommes entre eux dans les familles, et qui réunissent les familles en Nations, obligent également les Nations entre elles, comme membres de la grande société humaine. Les Nations, comme les individus, peuvent recevoir les unes des autres du mal comme du bien; il est donc de leur intérêt et de leur devoir de respecter, de pratiquer et de corroborer ces règles de justice qui contrarient et préviennent le mal, qui facilitent et augmentent le bien; qui, bien qu'observées aujourd'hui très-imparfaitement, tiennent les États civilisés suffisamment à

Zouch, dit que ce Droit devrait être appelé *Droit entre les gens*. (*OEuvres*, tome 2, *pag*. 337.) M. Bentham partage cet avis. (*Principles of morals and politicks, pag*. 324.) Ces savants écrivains emploient peut-être un mot plus exact que celui qui est généralement adopté; mais il est bien rare que les changemens dans les termes de science compensent par la supériorité de leur précision l'incertitude et la confusion qui naissent de l'innovation.

à l'abri de l'injure ; qui, si elles pouvaient être généralement mises en pratique, établiraient et assureraient à perpétuité le bien-être universel de la société humaine. C'est donc avec justice qu'une partie de cette science a été appelée le *Droit naturel des individus*, comme l'autre est nommée le *Droit naturel des États*. Une chose, au surplus, qui se comprend assez d'elle-même pour qu'il soit inutile de s'y arrêter *, c'est que ces deux Droits sont également sujets à toutes sortes de modifications et de variétés suivant les mœurs, les conventions, le caractère et les circonstances. Eu égard à ces principes, les écrivains qui ont traité de la jurisprudence générale ont considéré les États comme des *personnes morales*. Ce mot, qu'on a appelé une fiction de la loi, mais qui peut être plutôt regardé comme une métaphore hardie, n'est autre chose que l'expression de cette vérité importante, que les Nations, quoique ne reconnaissant aucun supérieur commun, quoique ne pouvant et ne devant être soumises à aucun châtiment humain, sont néanmoins assujetties à pratiquer entre elles les devoirs de la probité et de l'humanité, absolument comme les individus y seraient astreints, lors même qu'on les supposerait vivant affranchis des entraves protectrices des gouvernements, lors même qu'ils ne seraient pas forcés à l'accomplissement de leurs obligations par la juste autorité des magistrats, et par la salutaire terreur des

---

* Cette remarque m'est suggérée par une objection de Vattel, plus spécieuse que solide. Voyez ses Préliminaires, § 6.

lois. C'est encore par suite des mêmes considérations
que cette loi universelle a été appelée *loi de la nature*,
et cela avec beaucoup de justesse, quoique plusieurs
écrivains trouvent cette dénomination trop vague. On
peut avec une exactitude suffisante, ou tout au moins à
l'aide d'une métaphore bien simple, l'appeler une *loi*,
puisqu'elle est pour tous les hommes une règle de conduite suprême, invariable et inattaquable, et puisque
sa violation est punie par des châtiments naturels, qui
dérivent nécessairement de la constitution des choses,
et qui sont aussi certains et aussi inévitables que l'ordre
même de la nature. C'est la *loi de la nature*, car ses
préceptes généraux ont essentiellement pour but d'as-
surer le bonheur de l'homme, tant que sa nature actuelle
restera ce qu'elle est aujourd'hui, ou, en d'autres termes,
tant qu'il continuera d'être homme, quels que soient
d'ailleurs les temps, les lieux, les circonstances dans
lesquels il a pu ou pourra être placé; car elle est susceptible d'être comprise par la raison naturelle, et en
harmonie avec notre constitution naturelle; car sa convenance et sa sagesse sont fondées sur la nature générale
des hommes, et non sur aucune des situations passa-
gères ou accidentelles dans lesquelles ils peuvent se
trouver. C'est encore avec plus de justesse, c'est même
avec la plus stricte et la plus parfaite exactitude qu'on
la considère comme une loi, si, conformément aux notions sublimes que nous donnent la philosophie et la
religion sur le gouvernement du monde, nous la rece-
vons et nous la respectons comme le code sacré que le
grand législateur de l'univers a promulgué pour guider

ses créatures dans le chemin du bonheur ; code garanti et fortifié, ainsi que l'expérience nous le démontre, par la sanction pénale de la honte, des remords, de l'infamie et de la misère ; fortifié plus encore par la crainte légitime de peines bien plus terribles dans une vie à venir qui ne finira pas. C'est la contemplation de la loi de la nature, avec cette considération parfaite et réfléchie de sa haute origine et de sa dignité transcendante, qui excitait l'enthousiasme des plus grands hommes et des plus grands écrivains des temps anciens et modernes, lorsque après avoir épuisé en descriptions sublimes toutes les puissances du langage, ils surpassaient tous les chefs-d'œuvre de style, et s'élevaient au-dessus de leur propre éloquence, en développant la beauté et la majesté de cette loi souveraine et immuable. C'est de cette loi que Cicéron parle si souvent dans ses écrits, non-seulement avec tout l'éclat et toute l'abondance de l'art oratoire, mais avec la sensibilité de l'homme de bien, jointe à la gravité et à la concision du philosophe *. C'est de cette loi que parle Hooker dans ce

---

* « Est quidem vera lex, recta ratio, *naturæ congruens*, diffusa in omnes, constans, sempiterna, quæ vocet ad officium jubendo, vetando à fraude deterreat, quæ tamen neque probos frustrà jubet aut vetat, neque improbos jubendo aut vetando movet. Huic legi neque obrogari fas est, neque derogari ex hàc aliquid licet, neque tota abrogari potest. Nec verè aut per senatum aut per populum solvi hàc lege possumus. Neque est quærendus explanator aut interpres ejus. Nec erit alia lex Romæ, alia Athenis, alia nunc, alia posthàc, sed et omnes gen-

morceau sublime : « Que peut-on dire de la loi, sinon
« que son siége est le sein de Dieu; que sa voix est
« l'harmonie du monde; que tout dans le ciel comme
« sur la terre lui rend hommage; que l'être le plus fai-
« ble ressent sa protection, comme le plus fort éprouve
« sa puissance ; que les hommes et les anges, que toutes
« les créatures, quelles qu'elles soient, quoique chacune
« d'une manière différente, se réunissent par un con-
« cert unanime pour l'admirer comme la source de leur
« paix et de leur bonheur ! » *Eules. pol., livre* 1er,
à la conclusion.

Que ceux qui, pour me servir des expressions du
même Hooker, « parlent de la vérité sans avoir jamais
sondé la profondeur, de la source d'où elle sort, » n'ail-
lent pas décider d'un ton témérairement tranchant, que
ces grands maîtres de l'éloquence et de la raison se sont
laissé éblouir par les illusions d'un mysticisme qui les
a empêchés de voir les vrais fondements de la morale
dans la nature, les besoins et l'intérêt de l'homme. Ils
étudiaient et ils enseignaient les principes de la morale ;
mais ils trouvaient plus nécessaire et plus sage d'ins-
pirer aux hommes de l'amour et du respect pour la
vertu ; cette tâche leur paraissait plus noble et plus di-

---

tes et omni tempore una lex et sempiterna et immortalis con-
inebit, unusque erit communis quasi magister et imperator
omnium Deus, ille legis hujus inventor, disceptator, lator, cui
qui non parebit ipse se fugiet et naturam hominis aspernabitur,
atque hoc ipso luet maximas pœnas, etiamsi cætera supplicia
quæ putantur effugerit. »—Cicéron, *de republicâ, lib. III.*

gne de vrais philosophes *. Ils ne se contentaient pas
de spéculations élémentaires. Ils observaient les bases
de nos devoirs ; mais ils éprouvaient avec délices l'enthousiasme le plus naturel, le plus heureux, le plus
raisonnable, lorsqu'ils contemplaient le majestueux édifice qui s'élève sur ces fondements inébranlables. Ils
consacraient les plus sublimes effusions de leur génie à
répandre parmi les hommes ce bienfaisant enthousiasme.
Ils faisaient hommage à la vertu des plus belles productions de leur esprit. Si ces grandes pensées du bon et du
beau les empêchaient quelquefois d'exposer les principes de la morale avec toute la sécheresse d'une science
dépourvue d'ornement, au moins devons-nous avouer
qu'ils ont choisi la meilleure part ; qu'ils ont préféré des
sentiments vertueux à une morale purement théorique,
et la pratique du bien à l'exactitude de la spéculation.
Peut-être ces hommes sages ont-ils craint qu'une dissec-
tion minutieuse et anatomique de la vertu, ne diminuât
le charme de sa beauté pour des yeux mal exercés.

Il ne m'appartient pas d'entreprendre une matière
que ces grands écrivains ont peut-être épuisée. Je suis
bien moins appelé à démontrer la sublimité et l'impor-

---

* « Age verò urbibus constitutis ut fidem colere et justitiam
retinere discerent et aliis parere suâ voluntate consuescerent,
ac non modò labores excipiendos communis commodi causâ,
sed etiam vitam amittendam existimarent ; quî tandem fieri po-
tuit, nisi homines ea quæ ratione invenissent eloquentiâ per-
suadere potuissent ? » — CICÉRON, *de inventione*, livre premier,
au commencement.

tance de la loi des Nations, qu'à repousser le reproche de présomption que je parais encourir en essayant un sujet déjà traité par tant de grands maîtres. Dans ce but, il sera nécessaire de tracer en peu de mots, comme il y a lieu de le faire ici, une esquisse rapide de l'état actuel de la science, et de cette succession d'écrivains distingués qui l'ont graduellement perfectionnée.

Il ne nous est parvenu aucun traité écrit par les Grecs ou les Romains sur le Droit des gens. Le titre de l'un des ouvrages d'Aristote qui sont perdus, nous apprend qu'il avait composé un traité sur le Droit de la guerre * : ce précieux ouvrage, si nous avions le bonheur de le posséder, satisferait à coup sûr amplement notre curiosité; il nous ferait connaître à la fois les usages des anciens peuples et les opinions de leurs moralistes, avec cette profondeur et cette précision qui distinguent les autres productions de son illustre auteur. Nous n'avons maintenant qu'une notion très-imparfaite de ces usages et de ces opinions, saisie çà et là dans une foule de passages des philosophes, des historiens, des poètes et des orateurs. Lorsque je serai dans le cas d'examiner plus à fond le gouvernement et les mœurs des anciens peuples, je tâcherai d'expliquer d'une manière satisfaisante pourquoi ces Nations éclairées ne séparaient point de la morale générale la science qui règle les rapports des États entre eux, et pourquoi ils n'en faisaient pas l'objet d'une étude indépendante. Il faudrait entrer dans de trop longs détails pour développer les causes qui ont resserré les

---

* Δικαιώματα τῶν πολέμων.

liens sociaux entre les Nations modernes de l'Europe,
qui les ont facilement unies par une dépendance mutuelle, et qui ainsi, par la suite des temps, ont perfectionné et rendu plus obligatoire la loi qui régit leurs
rapports. Parmi ces causes, il suffit d'indiquer une origine commune, une même religion, des mœurs, des
institutions, des langues semblables ; dans les siècles
reculés, l'autorité du saint-siége, et les extravagantes
prétentions de la couronne impériale ; à une époque plus
rapprochée, les relations de commerce, la jalousie de
puissance, le progrès de la civilisation, la culture des
sciences, et par-dessus tout, cette douceur générale de
mœurs et de caractère qu'il faut attribuer à l'influence
progressive et combinée de la chevalerie, du commerce,
de l'industrie et de la religion. Nous ne devons pas ou-
blier non plus cette similitude remarquable dans les
institutions politiques de tous les pays conquis par les
Nations gothiques, institutions qui portent encore aujourd'hui des traces reconnaissables, quoique altérées par
la succession des âges, de ces traits de liberté, nobles
et hardis dans leur rudesse, que ces généreux barbares y avaient imprimés. Toutes ces causes et beaucoup
d'autres ont concouru à resserrer les Nations de l'Europe par les liens d'une connexion plus intime et d'un
commerce plus constant, et par suite ont rendu le réglement de leurs rapports plus nécessaire, et la loi qui
devait les gouverner plus importante. A mesure qu'elles
se rapprochaient de la condition des diverses provinces
d'un même empire, il devenait presque essentiel qu'il
y eût en Europe un Code précis et commun de Droit des

gens, de même que chaque pays devait avoir son système particulier de Droit civil. Vers le seizième siècle, les travaux des savants se dirigèrent vers ce but, aussitôt après la renaissance des sciences, et après cette distribution régulière entre les puissances et les territoires, qui a subsisté presque sans modification jusqu'à nos jours. L'examen critique de ces premiers écrivains serait de peu d'intérêt dans un ouvrage étendu, il serait intolérable dans un discours abrégé. Il suffit de dire qu'ils ont tous été plus ou moins gênés par la philosophie barbare des écoles, et qu'ils ont été retardés dans leur marche par une déférence scrupuleuse pour les parties inférieures et techniques du Droit romain, au lieu de s'élever jusqu'aux principes généraux qui doivent à jamais entretenir chez les hommes le respect dû à ce grand monument de la sagesse humaine. Ce fut seulement dans le seizième siècle que le Droit romain fut étudié et compris comme une science essentiellement liée à l'histoire et à la littérature romaine, et qu'il fut mis en lumière par des hommes qu'Ulpien et Papinien n'auraient pas rougi de reconnaître pour leurs successeurs *. Chez les écrivains de cet âge, nous pouvons remarquer les essais infructueux, les progrès

---

* Cujas, Brisson, Hotman, etc. *Voyez Gravina, Orig. juris civil., pag.* 132 *et suiv. Édit. Leips.,* 1737.

Leibnitz, aussi grand mathématicien que philosophe, déclare qu'il ne connaît rien qui approche plus que le Droit romain de l'exactitude et de la précision de la géométrie. — *OEuvres, tome* 4 *, pag.* 254.

partiels, les traits de lumière accidentels, qui précèdent toujours les grandes découvertes, et les ouvrages destinés à instruire la postérité.

Il était réservé à Grotius de systématiser le Droit des gens. Ce fut par les conseils de Bacon et de Peiresc qu'il entreprit cette tâche difficile. Son ouvrage, que nous regardons aujourd'hui avec raison comme imparfait, est néanmoins peut-être le plus complet qui ait jamais été produit dans l'enfance d'aucune science. Telle est l'incertitude de la réputation après la mort; le nom des plus grands hommes est tellement sujet à perdre de son éclat par suite des changements successifs qui s'opèrent dans la manière de penser et d'écrire, que Grotius, qui tenait une si grande place dans son siècle, n'est peut-être connu que de nom d'une partie de nos lecteurs. Si néanmoins nous considérons justement son mérite et ses vertus, nous reconnaîtrons en lui l'un des hommes les plus remarquables des temps modernes. Il combinait l'accomplissement des devoirs les plus importants de la vie active et publique, avec cette perfection de science immense et variée qui n'est ordinairement le partage que des hommes qui se séparent du monde. C'était un avocat et un magistrat distingué; il a fait les meilleurs ouvrages sur le Droit de son pays; il était presque également célèbre comme historien, comme savant, comme poète, et comme canoniste; homme d'État désintéressé, jurisconsulte philosophe, patriote à la fois ferme et modéré, théologien aussi candide qu'éclairé. Un injuste exil ne diminua pas son patriotisme; l'amertume de la controverse n'altéra point sa charité. L'inquisition de ses

fiers et nombreux adversaires ne put faire voir la moin-
dre tache à son caractère ; et au milieu des discussions
pénibles et des cruels tourments d'une vie politique extrêmement agitée, il n'abandonna jamais ses amis dans
leur malheur, il n'insulta jamais ses ennemis dans leur
faiblesse. Dans le temps des plus grands troubles civils et
religieux, il conserva son nom sans tache, et sut toujours
allier la fidélité à son parti avec la modération à l'égard
de ses adversaires. Tel était l'homme qui était destiné à
donner une nouvelle forme au Droit des gens, ou plutôt
à créer une science dont les éléments grossiers et les matériaux indigestes étaient seulement épars dans les écrits
de ses devanciers. En élevant l'édifice des lois de son
pays sur ces éternels fondements, il fut conduit à la contemplation de la loi naturelle, qu'il considérait avec raison comme la mère de toute loi civile *. Peu d'ouvrages
ont été aussi célébrés que celui de Grotius, non-seulement
de son temps, mais encore pendant le siècle suivant.
Néanmoins, dans la seconde partie du siècle dernier, ce
fut, pour ainsi dire, une mode de déprécier cet ouvrage,
et de le présenter comme une compilation informe, dans
laquelle la raison se trouvait ensevelie sous une masse
d'autorités et de citations. Cette mode dut son origine à
quelques beaux esprits et à quelques déclamateurs fran-
çais, et elle fut adoptée, je ne sais pourquoi, bien
qu'avec plus de réserve et de convenance, par plusieurs
écrivains respectables de l'Angleterre. Quant à ceux
qui les premiers ont tenu un pareil langage, ce que

---

* Proavia juris civilis. — *De jure belli et pacis*, proleg., § 16.

nous pouvons penser de mieux à leur égard, c'est qu'ils n'avaient jamais lu le livre de Grotius ; car s'ils n'avaient pas été effrayés par ce formidable appareil de caractères grecs, ils auraient bientôt reconnu que l'auteur ne fait jamais de citations sans avoir posé des principes, et souvent, selon moi, quoique ce ne soit pas sans exception, les principes les plus sains et les plus raisonnables.

Mais on doit une autre sorte de réponse à quelques-uns de ceux qui ont critiqué Grotius *, et cette réponse est faite d'avance par Grotius lui-même **. Il n'avait pas un esprit servile et stupide au point de citer les opinions des poètes et des orateurs, des historiens et des philosophes, comme des arrêts de juges sans appel. Il les cite, ainsi qu'il le dit lui-même, comme des témoins dont le concert unanime, fortifié d'ailleurs par leur dissentiment sur presque tous les autres points, est une preuve concluante de l'accord universel du genre humain sur les grandes règles des devoirs et sur les principes fondamentaux de la morale. En pareille matière, les poètes et les orateurs sont les moins reprochables de tous les témoins ; car ils s'adressent aux sentiments et aux sympathies de tous les hommes ; ils ne sont ni faussés par les systèmes, ni pervertis par les sophismes ; ils ne peuvent atteindre aucune de leurs fins, ils ne peuvent ni plaire ni persuader, si les sentiments moraux qu'ils ex-

---

* Paley, Principes de philosophie morale et politique, préface, p. 14 et 15.

** *De jure belli et pacis*, proleg., § 40.

priment ne sont pas en harmonie avec ceux de leurs lecteurs. On ne peut concevoir un système de philosophie
morale qui ne serait pas en harmonie avec la conscience
générale des hommes et le jugement uniforme de tous
les temps et de tous les lieux. Mais où trouvons-nous
l'expression de cette conscience et de ce jugement? Précisément dans ces écrits qu'on blâme Grotius d'avoir
cités. Les usages et les lois des nations, les événements
de l'histoire, les opinions des philosophes, les sentiments des orateurs et des poètes, de même que l'observation de la vie commune, sont réellement les matériaux dont se compose la science de la morale ; et ceux
qui les négligent encourent le juste reproche de viser
follement à faire de la philosophie sans avoir aucun
égard aux faits et à l'expérience, seuls fondements de
la vraie philosophie.

S'il s'agissait d'examiner l'ouvrage de Grotius, seulement sous le rapport du goût, j'avouerai facilement qu'il
étale son érudition avec une profusion qui encombre
beaucoup plus qu'elle ne sert d'ornements, et qui n'est
pas toujours nécessaire au développement de son sujet.
Cependant, même en faisant cette concession, je cède-
rais plutôt à l'opinion des autres, qu'à l'inspiration de
mes propres sentiments. Je ne puis m'empêcher de trouver un bien grand charme dans cette richesse brillante
de littérature. J'y puise une variété infinie de souvenirs
et de rapprochements délicieux. En marchant pénible-
ment dans la carrière de cette vaste science, l'esprit
aime à se reposer au milieu des grands hommes et des
grands événements. Ainsi les vérités de la morale sont

revêtues, non de l'inutile éloquence d'un seul homme, mais de celle que peut produire le génie réuni du monde entier. La vertu et la sagesse elles-mêmes acquièrent une nouvelle majesté à mes yeux, lorsque je vois tous les grands maîtres dans l'art de penser et dans l'art d'écrire réunis, pour ainsi dire, de tous les âges et de toutes les contrées, pour leur rendre hommage et marcher à leur suite.

Mais ce n'est pas ici le lieu de discuter en matière de goût, et je suis tout prêt à convenir que le mien peut n'être pas le plus sain. On peut faire à Grotius une objection beaucoup plus sérieuse, quoique je ne me souvienne pas de la lui avoir jamais vu faire. Sa méthode n'est ni convenable, ni scientifique. Il a renversé l'ordre naturel. Cet ordre naturel indique évidemment que nous devons rechercher d'abord les premiers principes de la science dans la nature humaine ; les appliquer ensuite au réglement de la conduite des individus, et enfin y recourir pour la décision des questions difficiles et compliquées qui s'élèvent dans les rapports entre nations. Grotius a pris l'envers de cette méthode. Il s'arrête tout d'abord à l'état de guerre et à l'état de paix, et ce n'est qu'accidentellement qu'il examine les principes premiers à mesure qu'ils ressortent des questions qu'il est appelé à résoudre. Par une conséquence inévitable de cette méthode désordonnée, qui ne présente les éléments de la science que sous la forme de digressions éparses, il se trouve conduit à donner rarement assez de développement à ces vérités fondamentales, et il ne les place jamais au lieu où leur discussion serait le plus instructive pour le lecteur.

Ce défaut de plan dans Grotius fut reconnu et corrigé par Puffendorff, qui rendit au droit naturel la supériorité qui lui appartenait, et eut le bon esprit de ne présenter le Droit des gens que comme l'une des branches principales du tronc commun. Sans avoir ni le génie ni l'érudition de son maître, il traita sa matière avec un sens parfait, avec une méthode claire, avec une science aussi exacte qu'étendue, et avec une abondance de détails souvent fatigante, mais toujours instructive et satisfaisante. Son ouvrage sera médité par tous ceux qui ne craignent pas de consacrer leurs veilles à un travail approfondi ; mais il est probable que la masse commune des étudiants l'auront plus souvent dans leur bibliothèque que sur leur bureau. Du temps de Locke, on le considérait comme le manuel de ceux qui se destinaient à une vie active ; mais aujourd'hui les hommes d'affaires sont trop occupés, les hommes de lettres trop dédaigneux, et les hommes du monde trop paresseux, pour qu'un semblable ouvrage soit médité ou même parcouru par eux. Loin de moi de déprécier le grand et incontestable mérite de l'utile ouvrage de Puffendorff. Son livre est une mine que tous ses successeurs doivent exploiter. Je me permets seulement de penser qu'un ouvrage aussi prolixe, aussi destitué de tous les attraits du style, rebutera vraisemblablement un grand nombre de ceux qui ont le besoin, et qui auraient peut-être le désir de connaître les principes du droit public.

Je pourrais encore indiquer beaucoup d'autres circonstances qui démontrent également la nécessité d'entreprendre et de soumettre au public un nouveau système

du droit des gens. La langue de la science a tellement
changé depuis que ces deux grands ouvrages ont été com-
posés, que personne ne pourrait employer les expressions qui s'y rencontrent, sans s'exposer à se rendre
souvent presque inintelligible, même en s'adressant à
des personnes qui d'ailleurs seraient tout-à-fait susceptibles d'étudier utilement ces matières. Les savants
n'ignorent pas que les débats scientifiques ne peuvent
offrir que bien peu de variété et de nouveauté; les mêmes
vérités et les mêmes erreurs se sont répétées d'âge en âge,
avec quelques changements seulement dans le langage;
mais les ignorants prennent souvent l'introduction d'expressions nouvelles pour des découvertes essentielles.
On ne saurait imaginer combien il y a eu, dans tous les
temps, de génie et de jugement dans le choix des formes
sous lesquelles la science a été cultivée. Les écrivains
qu'on lit le plus doivent souvent leur succès à leur goût,
à leur prudence, au bonheur dans le choix du sujet, à des
circonstances favorables, à un style agréable, à une langue plus parfaite, ou à d'autres avantages soit purement
accidentels, soit résultant plutôt des facultés secondaires
que des facultés élevées de l'esprit. Ces considérations,
en diminuant quelque chose de l'orgueil de ceux qui
croiraient avoir fait des découvertes importantes, ou qui
s'imagineraient être doués d'un talent supérieur, démontrent aussi qu'il est utile et même nécessaire de composer
de temps en temps de nouveaux systèmes de sciences
appropriés aux opinions et aux langages des époques
qui se succèdent. Chaque âge veut recevoir l'instruction
dans sa langue. Si quelqu'un commençait un discours sur

la morale par l'exposition des *entités morales* de Puffendorff[*], il parlerait une langue inconnue.

Au surplus, toute l'utilité d'un nouveau système de
droit public ne consisterait pas simplement à reproduire
les anciens écrivains sous les formes de la langue moderne. Le siècle dans lequel nous vivons présente un
grand nombre d'avantages spécialement propres à favo-
riser une semblable entreprise. Depuis la publication des
grands ouvrages de Grotius et de Puffendorff, une philosophie plus modeste, plus simple et plus intelligible,
a trouvé accès dans nos écoles; autrefois grossièrement
dénaturée par les sophistes, elle a été, depuis Locke,
cultivée et perfectionnée par une succession de disciples
dignes de leur illustre maître. Ainsi nous sommes deve-
nus capables de discuter avec précision, et d'exposer
avec clarté les principes de la science de la nature humaine ; principes qui par eux-mêmes sont tout-à-fait de
niveau avec l'intelligence de tout homme de bon sens,
et qui n'avaient été rendus si obscurs que par les inutiles
subtilités dont on les avait surchargés, et le barbare jargon dont on se servait pour les exprimer. Depuis ce temps,

---

* Je ne prétends aucunement attaquer la justesse des raisonnements de Puffendorff sur les entités morales. On peut
expliquer ce système d'une manière conforme à la plus exacte
philosophie. Puffendorff a parlé le langage de son temps,
comme tout écrivain doit naturellement le faire. Tout ce que
je veux dire, c'est que pour toute personne à qui les anciens
systèmes ne sont pas familiers, son vocabulaire philosophique
est suranné et inintelligible.

les questions de morale les plus profondes ont été trai-
tées dans un style clair et populaire, et les moralistes
modernes se sont rapprochés de la beauté et de l'éloquence des anciens. La philosophie qui sert de base aux
principes de nos devoirs n'a rien acquis en certitude,
car la morale ne peut être susceptible d'aucunes découvertes ; mais du moins elle est devenue moins âpre et
moins sévère, moins obscure et moins orgueilleuse dans
son langage, moins repoussante et moins rebutante dans
ses formes, que du temps de nos ancêtres. Cette popu-
larisation de la science a produit inévitablement, il faut
l'avouer, une foule de demi-savants superficiels et trom-
peurs ; mais le remède se trouve à côté du mal. La raison
populaire peut seule corriger les sophismes populaires.

Ce ne serait pas encore le seul avantage qu'aurait aujourd'hui un écrivain sur les célèbres jurisconsultes du
siècle dernier. Depuis ce temps notre connaissance de la
nature humaine s'est singulièrement accrue. Des périodes
obscures de l'histoire ont été explorées. Beaucoup de régions du globe, inconnues jusqu'alors, ont été visitées et
décrites par des voyageurs et des navigateurs non moins
éclairés qu'intrépides. Jamais autant de fleuves de sciences,
partis de sources plus diverses, ne se sont réunis à un
confluent commun, que dans le point où nous nous trouvons aujourd'hui placés. Nous ne sommes pas bornés,
comme l'étaient généralement les savants du dernier
siècle, à l'histoire des peuples célèbres qui ont été nos
maîtres en littérature. Nous pouvons nous représenter
l'homme dans une condition plus basse et plus abjecte
qu'on ne l'avait jamais vu. Nous avons commencé à ou-

vrir les annales de ces puissants empires de l'Asie *, où les commencements de la civilisation sont perdus dans les ténèbres d'une impénétrable antiquité. Nous pouvons faire passer la société humaine en revue devant nous, depuis la barbarie brutale et sans ressources de la Terre de Feu, et la sauvagerie douce et voluptueuse d'Otaïti, jusqu'à la civilisation paisible, mais ancienne et immobile de la Chine, qui fait part des arts qu'elle cultive à chacune des races successives de ses conquérants; jusqu'à la timide servilité des Indiens, qui conservent leur génie, leur habileté, leur instruction, pendant une longue série de siècles, sous le joug de tyrans étrangers; jusqu'à la grossière et incorrigible stupidité des Ottomans, incapables de toute amélioration, et occupés uniquement de détruire les restes de la civilisation chez leurs malheureux sujets, autrefois les peuples les plus éclairés de la

---

* Je ne puis dire un mot de ce sujet sans payer mon humble tribut à la mémoire de sir W. Jones, qui a fait de si heureux travaux sur la littérature orientale; dont le beau génie, le goût exquis, l'industrie sans relâche, l'érudition incomparable et presque prodigieuse, sans parler de son aimable caractère et de son intégrité sans tache, pénètreront de respect tous les amateurs des lettres, en même temps qu'ils leur inspireront le vif regret que doit faire naître la pensée de sa mort récente. On me pardonnera aussi quelques éloges pour le talent et l'instruction de M. Maurice, qui marche sur les traces de son illustre ami, et qui a déploré sa perte dans des vers que leur pureté et leur beauté rendent dignes des âges les plus heureux de la littérature anglaise.

terre. Nous pouvons étudier presque toutes les variétés imaginables dans le caractère, dans les mœurs, dans les opinions, dans les sentiments, dans les préjugés et dans les institutions des hommes; variétés résultant, ou de la grossièreté de la barbarie, ou de la capricieuse corruption de la civilisation, ou de ces innombrables combinaisons de circonstances qui, dans ces deux extrémités comme dans tous les points intermédiaires, influencent ou dirigent la marche des affaires humaines. L'histoire, s'il est permis de parler ainsi, est aujourd'hui un vaste musée, dans lequel on peut étudier toutes les variétés de la nature humaine. Les législateurs et les hommes d'État, mais surtout les moralistes et les philosophes politiques, peuvent trouver les plus beaux sujets d'instruction dans ce grand accroissement de la science. Ils peuvent découvrir, dans cette magnifique et utile variété de gouvernements et d'institutions, et dans cette prodigieuse multitude d'usages et de coutumes répandus parmi les hommes, les mêmes vérités générales et fondamentales, les mêmes principes sacrés qui servent de sauvegarde à la société; ils les trouveront, sauf quelques légères exceptions, reconnus et respectés par toutes les nations de la terre, et enseignés, sauf quelques exceptions encore moins nombreuses, par une série de philosophes qui se sont succédé depuis les premiers instants de la science contemplative. Les exceptions elles-mêmes paraîtront à la réflexion plus apparentes que réelles. Si nous nous élevions à la hauteur de laquelle il convient d'envisager un vaste sujet, elles disparaîtraient tout d'un coup; la brutalité d'une horde de sauvages ne serait pas aperçue au milieu du spectacle immense de la nature humaine, et les murmures de quelques sophistes ne seraient pas assez forts pour troubler l'harmonie générale. Cet accord de tous les hommes sur les premiers principes, et cette variété infinie dans leur application, constituent la vérité la plus utile et la plus importante que nous puissions déduire de la connaissance étendue que nous avons aujourd'hui de l'histoire de l'homme. L'unité des principes donne à la vertu une grande partie de sa majesté et de son autorité; la variété dans leur application est le fondement de presque toute la sagesse pratique.

Quelle époque de l'histoire ancienne aurait pu fournir une masse de faits comme celle sur laquelle repose l'ouvrage de Montesquieu? On lui a reproché, avec justice peut-être, d'abuser de cet avantage, en adoptant sans distinction les récits de tous les voyageurs, quel que soit le degré de confiance qu'ils méritent. Mais si nous sommes obligés d'avouer que cette accusation est fondée; si nous sommes forcés de convenir que Montesquieu exagère l'influence du climat, que dans le développement des constitutions politiques il accorde beaucoup trop à la prévoyance et à la sagacité des législateurs, et beaucoup trop peu aux temps et aux circonstances; que les caractères substantiels des gouvernements et leurs différences essentielles sont à chaque instant perdus et confondus dans son plan et dans sa langue technique; qu'il veut trop souvent plier les traits libres et irréguliers de la nature à la régularité géométrique d'un système, régularité imposante, mais trompeuse; qu'il a choisi un style affecté dans sa brusquerie, dans ses formes sentencieuses, et

dans sa vivacité, enfin, peu conforme à la gravité du sujet; après toutes ces concessions dont son illustre nom souf-
frira peu, l'*Esprit des Lois* restera encore non-seulement
comme l'un des monuments les plus solides et les plus
durables de l'esprit humain, mais encore comme une
preuve frappante des avantages inappréciables que la
philosophie politique peut trouver dans une observation
large des différentes conditions de la société humaine.

Depuis un siècle, il s'est opéré dans la pratique de la
guerre un adoucissement substantiel, quoique lent et
d'un progrès insensible ; cet adoucissement ayant reçu
la sanction du temps, a cessé d'être un simple usage, et
est devenu une partie du droit des gens. En comparant
notre manière de faire la guerre avec ce que nous dit
Grotius *, on distingue clairement les prodigieuses
améliorations qui se sont faites depuis la publication de
son ouvrage, durant la période la plus heureuse peut-
être en tous points qu'on puisse trouver dans l'histoire du monde. Dans cette même période, on a vu discuter, tant par le raisonnement que par les armes, une
foule de questions importantes de droit public, dont nous
ne trouvons pas même la plus légère trace dans l'histoire
des temps précédents.

Il est encore d'autres circonstances dont je ne parle
qu'avec hésitation et avec peine, quoiqu'il soit nécessaire d'avouer qu'elles donnent à un écrivain du siècle
présent un triste et malheureux avantage sur ses de-

---

* **Surtout** dans les chapitres du troisième livre, intitulés
Temperamentum circa captivos, etc., etc.

vanciers. Les événements récents ont accumulé sur tous les points intéressant la politique, une instruction pratique plus redoutable que l'expérience n'aurait pu la faire naître en d'autres temps. L'esprit des hommes, aiguisé par leurs passions, a pénétré jusqu'au fond de presque toutes les questions politiques. Il n'y a pas jusqu'aux règles fondamentales de la morale, qui pour la première fois, et malheureusement pour l'humanité, ont été révoquées en doute et soumises à la discussion. Je regarderai comme un devoir de passer sous silence ces faits déplorables, et ces fatales controverses. Mais il faudrait avoir l'esprit bien insouciant et bien indocile pour mépriser toutes ces circonstances, ou pour les examiner sans fruit.

De ces réflexions il résulte évidemment que depuis la publication des deux ouvrages que nous continuons à considérer comme classiques sur le droit de la nature et des gens, nous avons acquis de meilleurs instruments pour le raisonnement, et des matériaux plus abondants pour la science; que le Code de la guerre a été étendu et perfectionné; enfin que de nouvelles questions se sont élevées sur les rapports des Etats indépendants, comme sur les premiers principes de la morale et du gouvernement civil.

Quelques lecteurs penseront peut-être que, dans mes observations, pour excuser la témérité de mon entreprise, j'ai négligé de citer quelques auteurs plus modernes, auxquels une partie de ces remarques ne saurait justement s'appliquer. Un examen plus approfondi me justifiera, je l'espère. Mes observations ne tombent pas sur les écrivains qui n'ont traité que des questions détachées du droit public. Quelque utiles que soient les matériaux qu'ils ont fournis, je ne parle que des systèmes complets. Ce que j'ai dit de Puffendorff comme d'un auteur à l'usage de tout le monde, s'applique, avec dix fois plus de force encore, à l'immense ouvrage de Wolff. Son abréviateur Vattel est à coup sûr un auteur digne des plus grands éloges; il est extrêmement ingénieux, clair, élégant et utile. Mais il ne considère qu'une partie de ce vaste sujet, savoir, le droit des gens proprement dit; et je ne puis m'empêcher de penser que, même dans cette branche de la science, il a quelquefois adopté des principes douteux et dangereux, sans compter qu'il néglige constamment les exemples et les éclaircissements historiques, au détriment de la raison, qui en serait si merveilleusement embellie et fortifiée. Il est à peine nécessaire de jeter les yeux sur le livre d'Heineccius, le meilleur écrivain élémentaire sur quelque sujet que ce soit. Burlamaqui est un auteur d'un mérite supérieur; mais il se borne trop aux principes généraux de morale et de politique pour que je m'occupe beaucoup ici de lui. La même considération excusera mon silence à l'égard des ouvrages d'un grand nombre de philosophes et de moralistes, auxquels néanmoins je reconnais devoir beaucoup dans la composition des leçons que je me propose de faire. Ce serait peut-être une raison pour m'affranchir de l'obligation de parler de l'ouvrage de Paley, si je ne désirais saisir cette occasion de faire connaître publiquement ma reconnaissance pour le plaisir et l'instruction dont je suis redevable à cet excellent écrivain, doué à un si haut degré des qualités les plus inappréciables du moraliste, bon sens, mesure, réserve, respect constant pour l'usage et les convenances : on le croit moins original qu'il ne l'est réellement, mais c'est uniquement parce que son goût et sa modestie l'ont porté à dédaigner l'affectation de la nouveauté, et parce qu'il met tout son art à mêler et confondre sans cesse ses propres raisonnéments avec les opinions reçues, plus que les autres, dans le but d'une popularité passagère, n'apportent de soin à déguiser les plus misérables lieux communs sous la forme de paradoxes.

Depuis Grotius, Puffendorff et Wolff, aucun écrivain n'a combiné la recherche des principes du droit naturel et public avec l'application de ces principes aux cas particuliers; et dans ces circonstances, j'ose espérer, sans une extravagante présomption, que je pourrai présenter cette science sous un point de vue plus propre que les écrits de ces hommes célèbres à la rendre intelligible et attrayante pour les étudiants. Je vais maintenant exposer le plan et les matières du cours dans lequel j'essaie cette entreprise.

I. L'être dont le droit naturel a pour objet de régler les actions, c'est l'homme. C'est sur la connaissance de sa nature que doit reposer la science de ses devoirs *. Il est impossible d'aborder la philosophie morale, sans étudier préalablement les facultés et la constitution de l'esprit humain. Que le mot effrayant de *métaphysique*

---

* Natura enim Juris explicanda est nobis, *eaque ab hominis repetenda naturâ.* — Cic., *de legibus*, liv. I, n° 5.

ne détourne pas le lecteur de cet examen; il ne s'agit,
après tout, que d'employer les lumières de notre bon
sens à observer nos propres pensées, nos propres sentiments, nos propres actions; et quand les faits, ainsi
observés, sont exprimés, comme ils doivent l'être, d'une
manière claire, c'est peut-être de toutes les sciences
celle qui est le plus de niveau avec le degré commun
d'intelligence et d'instruction des hommes qui pensent.
Cette science, ainsi présentée, n'exige, dans celui qui
veut la comprendre, aucune faculté antérieure, si ce
n'est un jugement sain; quant à ceux qui l'obscurcissent
par un jargon technique et mystérieux, nous avons toujours juste raison de soupçonner que ce sont, non des
philosophes, mais des imposteurs. Quiconque comprend
bien une telle science, est nécessairement capable de
l'enseigner à tous les hommes qui ont le sens commun.
Je commencerai donc mon cours par un exposé très-bref,
et, je l'espère, aussi simple qu'intelligible, des facultés
et des opérations de l'esprit humain. Ces faits, ainsi
nettement établis, nous faciliteront la décision d'une
foule de questions fameuses, quoique frivoles et rési-
dant toutes dans les mots, controverses qui ont trop
long-temps occupé le loisir des écoles, et qui ne doivent
leur célébrité, et même leur existence, qu'à l'obscure am-
biguité du langage scolastique. Il suffira, par exemple,
d'en appeler à l'expérience de chacun, pour prouver,
en fait, qu'il nous arrive très-souvent d'agir uniquement
en vue du bonheur d'autrui; nous en conclurons que
nous sommes des êtres sociables, et nous n'aurons aucun besoin d'être habitués à juger les artifices du lan-

gage pour mépriser un misérable sophiste qui nous soutiendrait que, puisque nous éprouvons du plaisir à faire du bien, nous sommes tous également et exclusivement égoïstes. Un examen exact des faits nous fera découvrir quelle qualité est commune à toutes les actions vertueuses, et les distingue des actions vicieuses et criminelles. Mais nous verrons aussi qu'il est nécessaire à l'homme de se gouverner, non pas d'après une opinion brusque et improvisée qu'il pourrait avoir dans chaque circonstance particulière, mais d'après ces règles fixes et inaltérables qui ont été produites par la réunion du jugement impartial, des sentiments naturels, et de l'expérience incarnée du genre humain. L'autorité de ces règles est fondée uniquement sur leur tendance à l'augmentation du bien-être individuel et général; mais la moralité des actions ne consiste que dans leur correspondance avec la règle. Au moyen de cette distinction bien simple, une théorie juste, qui, loin d'être moderne, est aussi ancienne que la philosophie, sera vengée non - seulement de quelques objections assez spécieuses, mais surtout du reproche odieux qu'on lui fait de servir de base aux systèmes absurdes et monstrueux qu'on a prétendu élever sur elle. La tendance à faire le bien est le fondement des règles; elle doit aussi servir à juger les habitudes et les sentiments. Mais ce n'est pas toujours le drapeau que nous devons suivre immédiatement, ni le principal motif de chacune de nos actions. Une action, pour être complétement vertueuse, doit être en harmonie avec les règles de la morale, et être le résultat de nos affections et de nos sentiments natu-

rels, modifiés, mûris et améliorés par l'habitude constante d'une conduite droite *. Sans m'arrêter plus
long-temps sur des sujets qui ne peuvent être clairement
exposés qu'après avoir été entièrement développés, je
me contente de dire que je me propose, dans la partie
préliminaire de mon cours, qui est aussi la plus importante, d'asseoir les fondements de la morale dans la nature humaine, assez profondément pour satisfaire l'ob-
servateur le plus froid; et en même temps, de dégager
l'autorité suprême des règles de nos devoirs, en tous
temps et en tous lieux, de toutes les opinions d'intérêt
personnel et de spéculations dans la pratique du bien,
d'une manière assez étendue, assez universelle, assez
franche, pour justifier les effusions les plus grandes et
en apparence les plus extravagantes de l'enthousiasme
moral. Si, malgré tous mes efforts pour exposer ces doctrines avec la plus grande simplicité, quelqu'un de mes
auditeurs me reprochait encore l'enseignement de matières aussi abstraites, je me retrancherais derrière l'autorité du plus sage des hommes. « Si, avant d'arriver
« aux notions communes et populaires de la vertu et du
« vice, ils (les anciens moralistes) se fussent livrés à
« des recherches un peu plus approfondies sur les *ra-
« cines du bien et du mal*, ils auraient, selon moi,
« donné de grandes lumières à leurs successeurs; et
« surtout s'ils eussent consulté la nature, leurs doctrines
« auraient été moins prolixes et moins obscures. »

---

* Est autem virtus nihil aliud quàm in se perfecta atque ad
summum perducta natura. — Cic. *de legibus*, liv. I, n°. 8.

— *Bacon*, *dign. and adv. of learn.*, *livre* 2. Ce que Bacon désirait dans un simple intérêt de curiosité scientifique, le bien-être de l'humanité le réclame impérieusement aujourd'hui. De misérables systèmes de métaphysique ont engendré une foule de paradoxes détestables et dangereux, qui ne peuvent être détruits que par une philosophie plus profonde. Quoique nous devions peut-être gémir de la nécessité où nous sommes d'entrer dans des discussions de nature à ébranler chez certains hommes leur respect habituel pour des règles dont l'observation intéresse tout le monde, il ne nous est pas possible de les éviter. Il faut ou disputer ou abandonner le terrain. Des invectives aveugles et injustes contre la philosophie n'auraient d'autre effet que d'endurcir les sophistes et leurs disciples dans cette orgueilleuse prétention, qu'ils sont en possession d'une supériorité de raison non contestée, et que leurs antagonistes n'ont d'autres armes contre eux que celles d'une déclamation populaire. Qu'on ne nous suppose pas même un instant capables de penser que la vérité philosophique et le bonheur de l'homme soient aussi inconciliables. Je ne saurais mieux exprimer mon opinion sur ce point, qu'en empruntant les paroles d'un écrivain infiniment estimable, quoique généralement peu connu : « La connaissance des sciences abstraites, « lorsqu'on l'a complètement acquise, est comme la « lance d'Achille, qui guérissait les blessures qu'elle « avait faites; de même cette connaissance sert à réparer « le tort qu'elle a causé, et c'est peut-être la seule chose « à quoi elle soit bonne. Elle ne jette aucune lumière « nouvelle sur les sentiers de la vie, mais elle dissipe les

« nuages dont elle les avait elle-même obscurcis ; elle ne
« fait pas avancer le voyageur d'un pas , mais elle le ra-
« mène au point d'où il ne s'était écarté que pour s'égarer.
« Ainsi le domaine de la philosophie se compose en
« partie de plaines praticables à l'intelligence commune,
« et en partie de bois où les observateurs peuvent
« seuls pénétrer, et où ils aiment trop souvent à s'arrê-
« ter. Comme nous ne pouvons éviter de faire des in-
« cursions dans cette dernière région , et que nous la
« trouverons probablement obscure, dangereuse et dif-
« ficile, nous devons faire tous nos efforts pour éclairer
« et aplanir les voies devant nous *. » Au surplus,
nous ne resterons dans la forêt que pendant le temps
précisément nécessaire pour visiter les sources des ruisseaux qui y prennent naissance et qui vont arroser et
fertiliser la contrée cultivée de la morale, pour nous
familiariser avec les habitudes guerrières de ses sauvages
habitants, et pour étudier les moyens de garantir notre
région riche et féconde de leurs incursions dévastatrices.
Je m'arracherai à la spéculation à laquelle je suis naturellement trop enclin, et je me hâterai d'arriver à l'observation plus utile de nos devoirs pratiques.

II. La première partie de la morale, et la plus simple,
est celle qui a pour objet les devoirs des individus entre
eux, abstraction faite de la sanction des lois positives.
Je dis *abstraction faite* de cette sanction, et non *anté-*

---

* Search's light of nature, par Abraham Tucker; tome Ier,
préface, page xxxiij.

rieurement à cette sanction ; car, bien que nous *séparions* les devoirs privés des devoirs politiques, afin de mettre plus d'ordre et de clarté dans le raisonnement, toutefois cet arrangement de pure convenance ne nous abuse point jusqu'à nous faire supposer que la société humaine ait jamais pu subsister sans le frein des lois et la protection des gouvernements. Tous ces devoirs de la vie privée ont été si abondamment et si admirablement traités par les moralistes de l'antiquité, que personne aujourd'hui ne pourrait guère se flatter d'être écouté, s'il n'était animé de l'orgueilleuse ambition d'égaler Aristote en précision, ou de rivaliser d'éloquence avec Cicéron. Ces devoirs ont encore trouvé d'excellents interprètes parmi les moralistes modernes, au nombre desquels il serait souverainement injuste de ne pas compter beaucoup d'apôtres de la religion chrétienne, dont le caractère particulier est l'esprit de charité universelle, principe vivifiant de tous les devoirs sociaux. Car il y a déjà long-temps que Bacon a dit avec grande vérité : « Que jamais aucune philosophie, au- « cune religion, ni aucune autre doctrine ne s'est atta- « chée aussi nettement et aussi hautement que la foi « chrétienne à exalter le bien qui se communique, et « à rabaisser le bien exclusivement individuel*. » Le mérite particulier de cette religion n'est pas tant d'avoir enseigné de nouveaux devoirs que d'avoir répandu

---

* Bacon, Dign. and adv. of learn., liv. II.

sur toute la morale un souffle plus doux et plus bienfaisant.

Je me serais naturellement contenté d'observations
très-légères et très-générales sur un sujet aussi épuisé,
si l'on n'avait depuis peu remis en question quelques
principes fondamentaux, qui, dans tous les anciens
temps, auraient paru trop évidents pour être défendus
par des arguments, et pour ainsi dire trop sacrés pour
qu'il fût permis de les discuter. Je tâcherai donc de fortifier quelques-uns des remparts de la morale, qui jusqu'ici avaient été négligés, parce que personne n'avait
osé les attaquer. Nous verrons que presque tous les devoirs relatifs de la vie humaine dérivent plus ou moins
immédiatement de deux grandes institutions, la propriété et le mariage. Ce sont elles qui constituent, conservent et perfectionnent la société. De leur amélioration
graduelle dépend la civilisation progressive du genre
humain; sur elles repose l'ordre tout entier de la vie civile. Horace nous dit que les premiers efforts des législateurs afin de civiliser les hommes, ont consisté à régler et à fortifier ces institutions, et à les sanctionner
par des lois pénales rigoureuses.

> Oppida cœperunt munire et ponere leges,
> Neu quis fur esset, neu quis latro, neu quis adulter.
>
> *Sat.* 3, lib. 1, v. 105.

Un célèbre orateur ancien, des poèmes duquel il ne
nous reste qu'un petit nombre de fragments, a très-bien
décrit la marche progressive qui a conduit par degrés
la société humaine au plus haut point de son perfection-

nement, sous la protection des lois qui assurent la propriété et règlent le mariage.

Et leges docuit sanctas, et cara jugavit
Corpora conjugiis, et magnas condidit urbes.

Frag. C. Licinii Calvi.

Ces deux grandes institutions font des sentiments égoïstes comme des sentiments sociaux de notre nature les liens les plus forts d'un commerce paisible et régulier; elles changent les principes de dissension en sources de concorde; elles disciplinent les penchants les plus indomptables, elles purifient les penchants les plus grossiers, elles élèvent les penchants les plus sordides; ainsi elles deviennent les sources de tout ce qui fortifie, conserve et orne la société; elles soutiennent les individus et perpétuent l'espèce. Autour de ces institutions nous verrons nos autres devoirs sociaux se grouper et se ranger de distance en distance; les uns plus près, évidemment essentiels au bon ordre de la vie humaine; les autres moins rapprochés, et dont la nécessité n'est pas aussi manifeste au premier coup d'œil; d'autres enfin tellement éloignés, que leur importance a quelquefois été mise en doute, quoiqu'une observation plus réfléchie nous les fasse reconnaître comme les sentinelles et les gardes avancées de ces principes fondamentaux, savoir que l'homme doit jouir en paix des fruits de son travail, et que l'union des sexes doit être assez sagement ordonnée pour devenir l'école des affections bienveillantes, et le vrai berceau de la société.

La propriété est un sujet des plus vastes. Il sera nécessaire de rechercher les fondements des droits d'acquisition,

d'aliénation et de transmission, non dans des contrats imaginaires ou dans un prétendu état de nature, mais dans
leur utilité pour la conservation et le bien-être du genre
humain. Il sera aussi utile que curieux de tracer l'histoire de la propriété, au milieu de ses modifications
successives, depuis la première occupation irréfléchie
et transitoire des sauvages, jusqu'à ces lois prévoyantes,
subtiles et minutieuses, qui sont dues à la civilisation
la plus épurée.

Je suivrai le même ordre en examinant l'union des
sexes, telle qu'elle est réglée par l'institution du mariage*. Je tâcherai de développer les principes d'intérêt
général sur lesquels repose cette institution ; et si j'ose
espérer que je pourrai ajouter quelque chose à ce que
nos maîtres en morale nous ont enseigné, j'ai la confiance que le lecteur excusera ma présomption, en
considérant que ces anciens philosophes ne devaient
naturellement pas employer de grands arguments pour
soutenir des points sur lesquels ils ne prévoyaient pas
la possibilité d'un doute. J'examinerai aussi l'histoire
du mariage **, et je la suivrai au milieu de toutes ses

---

* Voyez sur ce sujet un morceau admirable des *Économiques
de Cicéron,* qui est trop long pour être cité ici, mais qui, examiné de près, détromperait sans doute ceux qui donnent si
étrangement pour certain que Cicéron était incapable d'un raisonnement exact.

** L'histoire progressive du mariage est parfaitement tracée
dans ces beaux vers de Lucrèce :

    .... Mulier conjuncta viro concessit in unum,
Castaque privatæ veneris connubia læta

modifications, jusqu'à cette décente et heureuse perma-
nence dans l'union, qui par-dessus tout a contribué au
repos de la société et à l'épurement des mœurs dans les
temps modernes. Entre autres recherches auxquelles ce
sujet donnera lieu, je serai plus particulièrement amené
à étudier la position naturelle et les devoirs des femmes,
leur condition chez les différents peuples, leur supériorité en Europe, et les bornes que la nature elle-même a
mises à leur perfectionnement; bornes au-delà desquelles
tout prétendu progrès serait une vraie dégradation.

III. Après avoir établi les principes des devoirs privés, je considérerai l'homme sous les rapports importants qui lient le sujet et le souverain, ou, en d'autres
termes, le citoyen et le magistrat. Je tâcherai de placer
les fondements de ces relations dans la convenance générale, et non dans des conventions supposées, tout-à-
fait imaginaires, dont on est obligé de reconnaître la
fausseté en fait, et qui, considérées comme des fictions,
ne pourraient jamais servir de base à un raisonnement
exact, car elles conduisent également dans Hobbes à un

Cognita sunt, prolemque ex se vidère creatam :
TUM GENUS HUMANUM PRIMUM MOLLESCERE COEPIT.
. . . . Puerique parentûm
Blanditiis facilè ingenium fregère superbum.
Tunc et amicitiam-cœperunt jungere habentes
Finitima inter se, nec lædere, nec violare.
Et pueros commendàrunt muliebreque seclum
Vocibus et gestu cùm balbè significarent
IMBECILLORUM ESSE ÆQUUM MISERERIER OMNIUM.

Lucret., lib. 5, v. 1010.

système de despotisme universel, et dans Rousseau à
un système d'anarchie universelle. Les hommes ne peuvent subsister sans société et sans assistance mutuelle ;
ils ne peuvent ni entretenir le commerce social, ni recevoir l'assistance les uns des autres sans la protection
d'un gouvernement ; et ils ne peuvent jouir de cette
protection sans se soumettre aux restrictions qu'impose
un gouvernement juste. Ce raisonnement bien simple démontre que le devoir d'obéissance de la part des citoyens, et le devoir de protection de la part des magistrats, sont fondés sur la même base que tous les autres
devoirs moraux ; il prouve d'une manière suffisamment
évidente que ces devoirs sont réciproques, et il remplit
ainsi le but unique pour lequel la fiction ait été inven-
tée. Je n'embarrasserai pas mon raisonnement d'inutiles
théories sur l'origine du gouvernement ; question sur
laquelle on a perdu tant de paroles dans les temps modernes, et que les anciens * beaucoup plus sages avaient

---

* Je ne connais rien de mieux que l'introduction au premier
livre de la politique d'Aristote, pour démontrer la nécessité
de la société politique au bien-être, et même à l'existence de
l'homme. Après avoir exposé les circonstances qui rendent in-
dispensablement l'homme un être sociable, il conclut avec
beaucoup de raison, καὶ ὅτι ἄνθρωπος φύσει πολιτικὸν ζῶον. *Politique d'Aristote, liv.* I.

Le même thème de philosophie est admirablement soutenu
dans un morceau abrégé, mais inappréciable, du sixième livre
de **Polybe**, où il trace l'histoire et les révolutions du gouvernement.

laissée intacte. Si nos principes sont justes, le gouvernement est aussi ancien que l'homme lui-même; et comme on n'a jamais connu aucune tribu assez brute pour vivre sans gouvernement, ni assez éclairée pour en établir un par le consentement de tous, il est manifestement inutile de recourir à des arguments sérieux pour réfuter une doctrine incompatible avec la raison, et démentie par l'expérience. Toutefois, quoique toutes les recherches sur l'origine des gouvernements soient vaines, l'histoire de leurs développements n'en est pas moins utile et intéressante. Les différentes modifications qu'ils ont subies, depuis l'indépendance sauvage, qui suppose à chacun le pouvoir de faire injure à son voisin, jusqu'à la liberté légale qui garantit chacun contre l'injure; la formation d'une famille en tribu, et la fusion des tribus en nations; par suite la substitution de la justice publique à la vengeance privée, et de l'obéissance habituelle à la soumission temporaire; tout cela fournit à d'importantes recherches une ample matière, qui comprend tous les progrès de la société dans la police, la jurisprudence et la législation.

J'ai déjà fait entendre au lecteur que la définition de la liberté qui semble la plus exacte, consiste à dire qu'elle est la *garantie contre l'injure*. La liberté est donc l'objet de tout gouvernement. Les hommes sont plus libres sous un gouvernement quelconque, même le plus imparfait, qu'ils ne le seraient s'il leur était possible de vivre sans gouvernement : ils sont plus à l'abri de l'injure, *moins troublés dans l'exercice de leurs facultés naturelles, et par conséquent plus libres, dans le sens même le plus simple et le plus ordinaire de ce mot,* que s'ils n'étaient aucunement protégés les uns contre les autres. Mais comme la garantie générale ne se trouve pas au même degré sous tous les gouvernements, ceux qui l'assurent d'une manière plus parfaite s'appellent *libres* par excellence. De tels gouvernements sont ceux qui atteignent le mieux le but de tout gouvernement. Une constitution libre et une bonne constitution de gouvernement, sont donc deux expressions qui rendent la même pensée.

Toutefois on aperçoit bientôt une autre distinction matérielle. Dans les États les plus civilisés, le sujet est suffisamment protégé contre les injustices manifestes de ses concitoyens, par des lois que le souverain est évidemment intéressé à maintenir. Mais plusieurs Nations sont assez heureuses pour jouir d'une constitution fondée sur les principes d'une sagesse plus éclairée et plus prévoyante ; dans ces Nations, les sujets sont garantis non-seulement contre les injustices des autres sujets, mais encore, autant que la prudence humaine peut y pourvoir, contre le despotisme des magistrats. De semblables États, comme tous les exemples extraordinaires de supériorité et de bonheur publics ou privés, se rencontrent çà et là, en petit nombre, dans les différents lieux et les différents âges du monde. Chez eux, le pouvoir du souverain est limité dans des bornes si exactes, que son autorité protectrice n'en est nullement affaiblie. Une telle combinaison de sagesse et de bonheur ne peut être facilement espérée, et elle ne peut jamais avoir lieu sans être le résultat d'une pratique constante, quoique graduelle, de la sagesse et de la vertu, qui a rendu profitable une longue succession des circonstances les plus favorables.

Sans doute, il existe à peine une Nation assez malheureuse pour être destituée de toute espèce de garantie, quelque faible qu'elle soit, contre l'injustice de ses chefs. Les institutions religieuses, les préjugés généraux, les mœurs nationales ont partout, quoique inégalement, limité ou adouci l'exercice du pouvoir suprême. Les priviléges dont jouissaient ou une noblesse puissante, ou de riches compagnies commerciales, ou de grandes corporations judiciaires, ont dans beaucoup de monarchies servi de contrôle plus immédiat aux actes des souverains. Des moyens ont été ménagés avec plus ou moins de sagesse pour tempérer le despotisme dans les aristocraties, dans les démocraties pour protéger la minorité contre la majorité, et le peuple entier contre la tyrannie des démagogues. Mais dans tous ces gouvernements sans mélange, comme le droit de faire des lois réside dans un seul individu ou dans une seule classe, il est évident que le pouvoir législatif peut briser toutes les barrières dans lesquelles les lois l'avaient renfermé. De là, il suit que de semblables gouvernements tendent toujours au despotisme, et que les abus n'y sont prévus que par des garanties extrêmement faibles et précaires. La meilleure garantie que la sagesse humaine puisse inventer, paraît consister dans la distribution du pouvoir politique entre différents individus et différents corps, divisés d'intérêts et de caractères ; correspondant aux diverses classes dont la société est composée ; intéressés chacun à se défendre de l'oppression des autres ; intéressés également chacun à empêcher les autres d'usurper un pouvoir exclusif, et par conséquent despotique; enfin intéressés tous à travailler de concert aux opérations ordinaires et nécessaires du gouvernement. Si ces corps ou ces individus n'avaient aucun intérêt à se résister les uns aux autres dans les cas extraordinaires, il n'y aurait pas de liberté. S'ils n'avaient aucun intérêt à marcher d'accord dans le cours ordinaire des affaires, il ne pourrait y avoir de gouvernement. Ces institutions sages, qui font de l'intérêt même des gouvernants une garantie contre leur injustice, ont pour objet de protéger les hommes à la fois contre leurs magistrats et contre leurs égaux. C'est avec justice que de tels gouvernements sont appelés *libres*, spécialement et par excellence ; et lorsque j'attribue cette liberté à la sage combinaison d'une dépendance et d'une observation réciproques, je me trouve singulièrement confirmé dans cette opinion, en me rappelant que je suis d'accord sur ce point avec tous les grands hommes qui ont étudié à fond les principes de la politique, avec Aristote et Polybe, avec Cicéron et Tacite, avec Bacon et Machiavel, avec Montesquieu et Hume *. Dans un exposé aussi rapide que

---

* Qu'il me soit permis de joindre à l'autorité de ces grands noms l'opinion de deux hommes illustres de notre âge; nous trouvons cette double opinion dans un passage d'un discours de M. Fox : « Il avait toujours trouvé mauvais tous les gouver-
« nements simples et sans contre-poids, monarchies simples,
« aristocraties simples, démocraties simples ; il les tenait tous
« pour imparfaits ou vicieux, tous pour essentiellement mau-

celui-ci, il est impossible d'indiquer, même de la manière
la plus sommaire, les principes philosophiques, les raisonnements politiques et les faits historiques qui seraient
propres à éclairer cette importante matière. Dans une
discussion étendue, je serai obligé d'examiner l'organisation générale des gouvernements les plus célèbres
des temps anciens et modernes, et spécialement de
ceux qui ont été le plus renommés pour leur liberté. Le
résultat de cet examen sera qu'il n'a peut-être jamais
existé d'institution aussi détestable que celle d'un gouvernement qui n'aurait absolument aucun contre-poids ;
que les gouvernements simples sont des chimères inven-
tées par des théoriciens, qui ont transformé en constitutions véritables des mots uniquement destinés à l'expression des différents systèmes ; enfin, que plus les

---

« vais ; une combinaison lui semblait seule bonne. Tels avaient
« toujours été ses principes, qui étaient aussi ceux de son
« honorable ami M. Burke. » — *Sur le budget de la guerre,
le 9 février* 1790.

Lorsque je rappelle ces deux hommes illustres, dont les noms
sont ainsi rapprochés, comme la postérité les unira dans ses
souvenirs, oubliant d'ailleurs leurs démêlés passagers en considération de leur génie et de leur amitié, je n'ai pas la folle
prétention d'ajouter par mes paroles quelque chose à leur gloire.
Mais j'éprouve une vraie jouissance dans l'expression de mes
sentiments, de la profonde vénération dont je suis pénétré pour
la mémoire de l'un, et de la vive affection dont je suis rempli pour
l'autre, què personne n'a jamais entendu en public sans l'admirer, que personne n'a connu dans la vie privée sans l'aimer.

gouvernements se rapprochent d'une simplicité sans mélange et sans contrôle , plus ils deviennent despotiques , tandis que plus ils s'en éloignent et plus ils deviennent libres.

Par la constitution d'un État, j'entends *l'ensemble des lois fondamentales, écrites et non écrites, qui règlent les droits les plus importants des magistrats supérieurs, et les priviléges * les plus essentiéls des sujets.* Cet ensemble des lois politiques , dans toutes les contrées , doit dériver des caractères et de la position du peuple ; elles doivent se développer avec lui, s'adapter à son état particulier , subir les changements qu'il éprouve, et s'incorporer avec ses habitudes. La sagesse humaine ne peut faire une semblable constitution par un seul acte, car la sagesse humaine ne peut créer les matériaux dont elle est composée. C'est toujours en vain que l'on a tenté de changer par la violence les anciennes habitudes des hommes et l'ordre établi dans la société , de manière à les accommoder à un système de gouvernement tout-à-fait nouveau. Un semblable projet ne peut être conçu que par la plus présomptueuse ignorance ; il a besoin d'être soutenu par la tyrannie la plus

---

* Un *privilége,* en droit romain, est une *exception* faite en faveur d'un individu à l'autorité de la loi. Les priviléges politiques , dans le sens que je leur attribue , sont des *exceptions* faites en faveur des sujets dans un État libre , en vue du bien-être social, au pouvoir ordinairement discrétionnaire du magistrat, et garanties par les mêmes lois fondamentales qui assurent son autorité.

atroce ; il conduit ses auteurs à des conséquences qu'il leur est impossible de prévoir, et le plus souvent à des institutions diamétralement opposées à celles qu'ils prétendent fonder *. Mais la sagesse, qui travaille sans relâche à corriger les abus, qui saisit constamment les occasions favorables de perfectionner cet ordre social, résultat de causes sur lesquelles nous ne pouvons avoir que peu d'influence, s'est quelquefois, bien que très-rarement **, à la suite des réformes et des amendements de plusieurs siècles, montrée capable d'élever une constitution libre, « produit du temps et de la nature, plutôt que de l'invention humaine. » On ne peut établir une pareille constitution qu'en imitant sagement le TEMPS, « *ce*

---

* Voyez sur ce sujet un passage admirable de Smith, dans sa *Théorie des sentiments moraux*, tome II, pages 101-112, où la vraie doctrine de la réforme est développée avec le rare talent de cet écrivain aussi éloquent que philosophe. — Voyez aussi un discours de M. Burke sur la réforme économique ; et sir M. Hale sur l'amendement des lois, dans la collection de M. Hargrave, page 248.

** « Pour former un gouvernement modéré, il faut combiner « les puissances, les régler, les tempérer, les faire agir, don- « ner, pour ainsi dire, un lest à l'une pour la mettre en état de « résister à une autre ; c'est un chef-d'œuvre de législation « que le hasard fait rarement, et que rarement on laisse faire « à la prudence. Un gouvernement despotique, au contraire, « saute pour ainsi dire aux yeux ; il est uniforme partout ; « comme il ne faut que des passions pour l'établir, tout le monde « est bon pour cela. » — MONTESQUIEU, *Esprit des lois, liv.* V, *chap.* 14.

« *grand novateur,* qui innove beaucoup, mais lente-
« ment, et par des degrés presque imperceptibles *. » Sans
me laisser aller à un éloge puérilement orgueilleux de la
constitution que l'univers entier reconnaît comme la meilleure, j'observerai seulement avec franchise et avec réserve qu'un gouvernement libre, non content de donner des garanties universelles contre l'injure, entre-
tient aussi les plus nobles facultés de l'esprit humain ;
qu'il tend à bannir également les vices de la bassesse et
ceux de la férocité ; qu'il perfectionne le caractère natio-
nal avec lequel il est en harmonie, et duquel il est né ; que
toute son administration est une école pratique de probité et d'humanité ; et que chez lui les affections so-
ciales, devenant esprit public, acquièrent une sphère
plus étendue et un ressort plus actif.

Je terminerai ce que j'ai à dire sur le gouvernement
par un exposé de la constitution d'Angleterre. Je tâcherai d'éclairer ses progrès par le flambeau de l'histoire, des lois et des archives, depuis les temps les
plus reculés jusqu'à nos jours, et de montrer comment
les principes généraux de liberté, originairement communs à toutes les monarchies gothiques de l'Europe,
mais perdus ou obscurcis dans les autres contrées, se
sont conservés dans cette île plus fortunée, comment
ils s'y sont développés, comment ils y ont marché de
concert avec la civilisation. Je m'efforcerai de présenter cette machine compliquée, comme notre histoire et

---

* BACON, *Essai* 24. Des innovations.

4.

nos lois nous la font voir en action ; je n'imiterai pas
quelques écrivains célèbres qui, dans leurs expositions
imparfaites, se sont contentés de détacher quelques-
uns de ses ressorts les plus simples, et d'en former un
faisceau qu'ils appellent très-mal à propos la constitution britannique. Tel a été jusqu'à présent le nombre et le succès de ces tableaux inexacts, que j'ose
affirmer que peu de sujets ont été aussi mal traités
que le gouvernement d'Angleterre. Des philosophes
dont la réputation est aussi grande que méritée*, nous
ont dit qu'il est composé de monarchie, d'aristocratie
et de démocratie ; dénominations très-peu applicables à
la chose, et qui, le fussent-elles d'ailleurs, ne feraient
pas mieux connaître ce gouvernement, qu'on ne ferait
connaître un homme vivant en indiquant le poids des
os, des chairs et du sang qui se trouvent dans son
corps. Ce n'est qu'un examen patient et détaillé de la
pratique du gouvernement dans toutes ses parties, et
une étude réfléchie de toute son histoire, qui peuvent
nous donner quelques notions sur ce sujet important.
Si un jurisconsulte, sans esprit philosophique, est incapable d'apprécier ce grand ouvrage de sagesse et de
liberté, un philosophe en sera encore plus incapable
sans connaissances pratiques, légales et historiques ;
car si l'industrie manque au premier, les matériaux

---

* On comprend que je fais ici allusion à Montesquieu, dont
je ne puis prononcer le nom sans respect, quoique j'ose me
permettre de critiquer son exposé d'un gouvernement qu'il n'a
vu que de loin.

manquent au second. Les observations de Bacon sur les écrivains politiques en général, s'appliquent particulièrement à ceux qui nous ont exposé systématiquement la constitution d'Angleterre : « Tous ceux « qui ont écrit sur le gouvernement, dit-il, ont écrit « ou comme des philosophes ou comme des juriscon- « sultes, pas un comme un homme d'État. Quant aux « philosophes, ils font des lois imaginaires pour des « Nations imaginaires ; leurs discours sont comme les « étoiles, qui ne nous éclairent pas parce qu'elles sont « trop élevées. » *Hæc cognitio ad viros civiles propriè pertinet,* nous dit-il dans une autre partie de ses ouvrages. Malheureusement il ne s'est pas encore trouvé en Angleterre un homme d'État philosophe, qui ait consacré son loisir à l'exposition d'une constitution qui ne peut être connue pratiquement et parfaitement que par un homme semblable.

Dans la discussion de ce sujet important, et dans tous nos raisonnements sur les principes de la politique, je travaillerai par-dessus tout à éviter ce qui me paraît avoir été constamment la source des erreurs politiques, je veux dire la prétention de donner les apparences du système, de la simplicité et de la démonstration rigoureuse, à des choses qui ne les admettent pas. On s'est reporté à un petit nombre de causes simples, qui, dans la réalité, naissaient d'une foule de combinaisons embrouillées et de causes successives. Les conséquences étaient faciles. Le système des hommes de théorie, dégagé de tout ce qui devait rappeler la vérité, acquérait aisément quelque chose de spécieux. Il ne fallait pas une grande habileté pour faire des arguments qui parussent concluants; mais tout le monde était d'accord sur ce point, que ces raisonnements étaient inapplicables aux affaires de ce monde. Les théoriciens se récriaient contre les folies des hommes, au lieu de reconnaître la leur, et les hommes de pratique blâmaient injustement la philosophie, au lieu de condamner les sophistes. Les causes qui doivent attirer l'attention de l'homme politique sont plus que toutes les autres multipliées, variables, délicates, subtiles, insaisissables; elles changent sans cesse de forme, et subissent de nouvelles combinaisons; elles perdent leur nature et cependant conservent leur nom; elles présentent les conséquences les plus diverses dans la variété infinie d'hommes et de peuples sur lesquels elles agissent; dans un certain degré de force elles produisent le plus grand bien, et un léger changement dans les circonstances fait naître d'elles les plus affreux malheurs. Elles sont susceptibles sans doute d'être réduites en théorie; mais il faut supposer une théorie fondée sur les vues les plus larges, dont les principes aient une compréhension et une flexibilité assez grandes pour embrasser toutes les variétés, et s'accommoder à toutes les métamorphoses; une théorie qui ait pour maxime fondamentale la défiance en soi-même et le respect pour la sagesse de l'expérience. Deux écrivains seulement, dans les siècles passés, du moins je n'en connais pas d'autres, ont signalé les défauts des raisonneurs politiques; mais ce sont les deux plus grands philosophes qui aient jamais paru dans le monde. Le premier est Aristote, qui, dans un passage de sa Politique, que je ne puis retrouver en ce moment, condamne pleinement la prétention d'une exactitude géométrique dans les raisonnements moraux, et indique cette prétention comme la source des erreurs les plus grossières. Le second est Bacon, qui nous dit, avec cette autorité qui lui est propre et qu'il tire de la conscience de sa sagesse, et avec cette richesse de génie dont il sait mieux que *presque* tout autre homme orner la vérité : « La science politique s'applique à un « sujet qui, plus qu'aucun autre, est plongé dans la « matière, et difficile à réduire en axiomes.* »

IV. Je tâcherai ensuite de développer les principes généraux des lois civiles et criminelles. Sur ce sujet je puis avec quelque confiance espérer que je trouverai de meilleurs matériaux à l'aide de la connaissance que j'ai des lois de mon pays, dont la pratique est l'occupation de ma vie, et dont l'étude est devenue mon habitude favorite.

---

* Un écrivain bien différent de ces deux grands philosophes, un écrivain *qu'on n'appellera plus philosophe, mais qu'on appellera le plus éloquent des sophistes,* pose ce principe avec beaucoup de force, et selon son usage avec quelque exagération : « Il n'y a point de principes abstraits dans la politique. « C'est une science de combinaisons, d'applications, et d'ex-« ceptions, selon les lieux, les temps et les circonstances. » — J.-J. Rousseau, *lettre au marquis de Mirabeau.* — La seconde proposition est vraie ; mais la première n'en est pas une conséquence exacte.

Les premiers principes de la jurisprudence sont les simples maximes de la raison ; l'expérience nous découvre bientôt que leur observation est essentielle à la conservation des droits des hommes, et par conséquent elles pénètrent dans les lois de tous, les peuples. Un exposé de l'application graduelle de ces principes originaires à des cas d'abord plus simples, ensuite plus compliqués, forme à la fois l'histoire et la théorie de la loi. Cet exposé historique des progrès de l'homme, en réduisant la justice à un système d'application et de pratique, nous mettra à même d'indiquer cette chaîne dans laquelle les observateurs superficiels croient voir beaucoup d'interruptions et de discontinuités, mais dont les anneaux se tiennent tous, quoiqu'ils soient souvent cachés et difficiles à saisir, et qui lie les garanties de la vie et de la propriété avec les formalités les plus minutieuses et en apparence les plus frivoles de la procédure légale. Nous reconnaîtrons qu'il n'est pas une prévision humaine qui puisse établir tout d'un coup un pareil système, et que si l'on entreprenait de l'établir ainsi, il serait bientôt bouleversé par la survenance de cas imprévus ; que le seul moyen de faire un code civil d'accord avec le bon sens, et susceptible d'être appliqué dans un pays quelconque, c'est d'élever graduellement l'édifice de la loi à mesure du développement des faits qu'elle doit régler. Nous apprendrons à juger le mérite des objections vulgaires contre la subtilité et la complication des lois. Nous apprécierons le bon sens et la reconnaissance de ceux qui reprochent aux jurisconsultes d'employer toute la puissance de leur esprit à trouver des distinctions subtiles pour prévenir l'injustice *, et nous reconnaîtrons que les lois ne doivent être ni plus *simples* ni plus *complexes* que la société qu'elles ont à gouverner; qu'elles doivent au contraire être dans une correspondance parfaitement exacte avec son organisation. De ces deux défauts néanmoins, il faut dire que le plus grand serait l'excès de simplicité : des lois trop compliquées ne peuvent produire que de l'embarras, tandis que des lois plus simples que les affaires auxquelles elles s'appliquent constitueraient un déni de justice. On a peut-être employé dans cette fixation des règles de la vie plus d'intelligence** que dans aucune autre science, et jamais, à coup sûr, l'intelligence n'a été plus honorablement occupée qu'en travaillant à la sûreté et au bien-être de tous. Il n'y a pas, selon moi, dans l'ensemble général des affaires humaines, un spectacle aussi beau que celui des progrès de la jurisprudence ; il n'y a rien de plus noble que les efforts prudents et infatigables

---

* « Les subtilités des jurisconsultes ne sont peut-être pas « moindres que les subtilités des casuistes; mais les premières « sont innocentes, et même nécessaires. » — HUME, *Essais,* tome II, *page* 558.

** « Le droit, dit Johnson, est la science dans laquelle les plus « grandes facultés de l'entendement sont appliquées au plus « grand nombre de faits. » Personne de ceux qui connaissent la variété et la multiplicité des sujets qu'embrasse la science du droit, et la force prodigieuse de discernement qu'ils exigent, n'élèvera un doute sur la vérité de cette observation.

d'une succession d'hommes sages pendant une longue
série de siècles, enlevant tous les cas, à mesure qu'ils
se présentent, au dangereux pouvoir de l'arbitraire,
pour les assujettir à des règles inflexibles; étendant le
domaine de la justice et de la raison, et resserrant
graduellement dans les bornes les plus étroites celui
de la force brutale et de la volonté capricieuse. Ce
sujet a été si dignement traité par un écrivain dont
l'univers admire l'éloquence, mais dont la philosophie
est plus admirée encore, s'il est possible, par tous
ceux qui peuvent l'apprécier, par un écrivain que l'on
peut justement appeler *gravissimus et dicendi et in-
telligendi auctor et magister,* que je ne puis me défendre de citer ses paroles : « La science de la juris-
« prudence, la gloire de l'intelligence humaine, avec
« tous ses défauts, toutes ses redondances, toutes ses
« erreurs, est la raison réunie de tous les siècles, com-
« binant les principes de la justice primitive avec la
« variété infinie des affaires humaines*. »

Des exemples me serviront à faire voir les progrès
du droit; je ferai ressortir les principes de la justice
universelle, sur lesquels il s'appuie, en examinant
comparativement les deux plus belles législations civiles qu'on ait connues jusqu'à ce jour, celle de Rome
et celle de l'Angleterre ** ; je ferai remarquer leurs res-

---

* *OEuvres de* BURKE , tome III, page 134.

** Sur la relation intime de ces deux législations, écoutons
ce que dit lord Holt, dont le nom ne sera jamais prononcé
qu'avec un profond respect, tant que la sagesse et la vertu se-

semblances et leurs différences, tant dans leurs règles
générales que dans les plus importantes particularités
de leurs détails. Je me propose de donner à cette partie de mon cours assez d'étendue pour que la masse
commune des étudiants y prenne un aperçu suffisant
des deux législations; j'espère les convaincre qu'ils ne
peuvent trouver un sujet d'étude plus digne de les occuper que les lois des Nations civilisées, et particulièrement
celles de leur pays; que dans cette science autant que
dans toute autre, le principe et le système descendent
jusqu'aux détails les plus minutieux, aussi réellement
quoique moins visiblement, et se dirigent vers des fins
bien plus importantes que dans aucune autre science. Je
ne crois pas avoir trop de présomption si j'espère que
ces recherches constitueront un travail préparatoire qui
ne sera pas sans fruit lorsqu'on voudra se livrer à une
étude plus approfondie et plus détaillée du droit anglais, ainsi que doivent le faire ceux qui se destinent à
la pratique et à la profession des lois.

Quand je m'occuperai de la matière importante du
droit criminel, je devrai indiquer la sûreté générale
comme le fondement du droit qui appartient au magistrat d'infliger des punitions, même les plus sévères,

---

ront révérées parmi les hommes. « Comme *les lois de toutes les*
« *Nations ont été incontestablement tirées des ruines du droit*
« *civil,* comme tous les gouvernements sont sortis des ruines de
« l'empire romain, il faut avouer que *les principes de notre droit*
« *sont empruntés du droit civil,* et par conséquent fondés sou-
« vent sur les mêmes motifs. » 12. *Mod.* 482.

si des peines moins graves ne suffisent pas pour protéger réellement cette sûreté. Je remplirai un devoir plus agréable lorsque je ferai connaître les modifications par lesquelles la sagesse et l'humanité ont tempéré l'exercice de ce droit rigoureux, malheureusement si essentiel à la conservation de la société. Je comparerai les lois pénales des différentes Nations, et j'établirai avec le plus d'exactitude possible le résultat de l'expérience quant à l'effet des peines sévères et des peines mitigées, et je tâcherai de fixer les principes sur lesquels on doit fonder la proportion et l'application des peines aux délits.

Quant à la procédure criminelle, mon travail sera facile; car, pour tracer un modèle de perfection sur ce point, un Anglais ne peut mieux faire que d'exposer, à quelques exceptions près, la législation de son pays.

Tout ce que j'ai indiqué jusqu'à présent comme devant être l'objet de mon cours, peut être résumé dans ces paroles de Cicéron : « Natura juris explicanda est « nobis, eaque ab hominis repetenda naturâ : consi« derandæ leges quibus civitates regi debeant : tùm hæc « tractanda quæ composita sunt et descripta, jura et « jussa populorum; in quibus NE NOSTRI QUIDEM POPULI « LATEBUNT QUÆ VOCANTUR JURA CIVILIA. » CIC., *De Leg.*, liv. I, n° 5.

V. La grande division de mon cours qui m'occupera ensuite est le *droit des gens*, dans le sens le plus propre et le plus restreint de ce mot. J'ai déjà laissé entrevoir les principes généraux qui servent de

fondement à ce droit. Comme les principes du droit
naturel, ils ont été plus heureusement et plus généralement observés dans certains temps et dans certains
pays que dans d'autres; comme eux aussi, ils sont
susceptibles d'une application extrêmement variée suivant le caractère et les habitudes des Nations. J'examinerai ces principes en suivant une gradation qui me
paraît naturelle : d'abord ceux qui sont indispensables
pour toute relation tolérable entre Nations ; ensuite
ceux qui sont essentiels à toute relation bien réglée
et réciproquement avantageuse; enfin ceux qui sont
de la plus haute utilité pour la conservation des relations douces et amicales entre les Nations civilisées. Il
n'est pas une intelligence qui ne reconnaisse la nécessité des premiers, et nous découvrons, même chez
les tribus les plus barbares, quelques légères traces de respect pour eux. L'utilité des seconds est
sensible pour tout homme instruit, et ils sont observés par toutes les Nations policées. Quant aux troi-
sièmes, leurs bienfaits se trouvent partout dans l'histoire de l'Europe moderne, seule partie du monde où
ils aient été amenés à leur plus haut point de perfection. En développant les principes de la première et de
la seconde classe, je serai naturellement conduit à exposer ce droit des gens qui, avec plus ou moins de
perfection, a réglé les rapports internationaux des sauvages, des empires de l'Asie et des anciennes républi-
ques. L'explication des principes de la troisième classe
me conduit à examiner le droit des gens tel qu'il est aujourd'hui reconnu dans la chrétienté. Ce sujet est si

vaste, et, comme je l'ai déjà dit, je suis obligé d'entrer dans un si grand nombre de détails, qu'il m'est impossible, dans un exposé rapide, d'esquisser même le plan de cette partie de mon cours. Il comprend, comme on le voit facilement, les principes de l'indépendance des Nations, leurs rapports en temps de paix, les priviléges des ambassadeurs et des ministres d'un rang inférieur, les relations entre les simples sujets, les justes causes de la guerre, les devoirs mutuels des puissances belligérantes et des puissances neutres, les bornes des hostilités légitimes, les droits de la conquête, la foi à observer entre ennemis, le droit résultant des armistices, des sauf-conduits et des passe-ports, la nature des alliances et les obligations qui en naissent, les voies de négociations, l'autorité et l'interprétation des traités de paix. J'examinerai à fond dans cette partie de mon cours toutes ces matières et beaucoup d'autres infiniment importantes et compliquées; j'y apporterai toutes les lumières que pourront me fournir la variété infinie des raisonnements moraux et la multiplicité des exemples historiques, et je m'efforcerai de présenter un ensemble assez complet du droit pratique des Nations, tel qu'il est reconnu en Europe depuis deux siècles.

« Le droit des gens est naturellement fondé sur ce « principe, que les diverses Nations doivent se faire « dans la paix le plus de bien, et dans la guerre le « moins de mal qu'il est possible, sans nuire à leurs « véritables intérêts.

« L'objet de la guerre, c'est la victoire : celui de la « victoire la conquête; celui de la conquête la conser-

« vation. De ce principe et du précédent doivent déri-
« ver toutes les lois qui forment le droit des gens.

« Toutes les Nations ont un droit des gens; les Iro-
« quois même, qui mangent leurs prisonniers, en ont
« un. Ils envoient et reçoivent des ambassades; ils con-
« naissent des droits de la guerre et de la paix : le mal
« est que ce droit des gens n'est pas fondé sur les vrais
« principes. » — MONTESQUIEU, *Esprit des lois*, livre Ier, chap. 3.

VI. Je finirai par une partie que je regarde comme le
complément du système pratique de notre droit des gens
moderne, ou plutôt comme une portion essentielle de
ce droit : je veux parler du *droit diplomatique et conventionnel de l'Europe;* des traités qui ont réglé la distribution matérielle du pouvoir et du territoire entre les
États européens, des circonstances qui les ont occasio-
nés, des changements qu'ils ont opérés, et des principes qu'ils ont introduits dans le code public de la société chrétienne. Dans les temps anciens, le plus grand
éloge que l'on fît d'un homme éminent dans les sciences de la guerre et de la paix, c'était de reconnaître en
lui cette connaissance du droit des gens conventionnel :
« Equidem existimo, judices, cùm in omni genere ac
« varietate artium, etiam illarum quæ sine summo otio
« non facilè discantur, Cn. Pompeius excellat, singula-
« rem quamdam laudem ejus et præstabilem esse scien-
« tiam, in fœderibus, pactionibus, conditionibus, po-
« pulorum, regum, exterarum nationum : in universo
« denique belli jure ac pacis. » CIC. *orat. pro L. Corn.
Balbo*, n° 6.

Les documents sur cette matière sont épars dans une foule de compilations volumineuses, qui ne sont pas accessibles à tout le monde, et que bien peu de personnes peuvent prendre plaisir à parcourir. Il y a cependant un si grand nombre de ces traités qui sont entrés dans le droit commun de l'Europe, qu'on ne peut être versé dans la science des lois sans les connaître. Cette connaissance est indispensable aux négociateurs et aux hommes d'État; elle devient souvent importante pour les particuliers dans les différentes positions où ils peuvent se trouver placés; elle est utile à quiconque veut savoir l'histoire moderne, ou se former un jugement sain sur les mesures politiques. Je tâcherai de présenter un extrait de cette science, qui puisse suffire à quelques personnes, et servir de guide aux autres dans la suite de leurs études. Les traités dont je m'occuperai plus particulièrement seront ceux de Westphalie, d'Oliva, des Pyrénées, de Breda, de Nimègue, de Ryswick, d'Utrecht, d'Aix-la-Chapelle, de Paris (1763) et de Versailles (1783). J'exposerai sommairement ceux des autres traités dont les dispositions sont rappelées, confirmées, ou abrogées par ceux que j'examinerai en détail. J'ajouterai un précis des relations diplomatiques des puissances européennes avec la Porte-Ottomane, et avec les autres États qui sont en dehors de notre droit des gens commun. Je donnerai aussi un aperçu des principaux traités de commerce, de leurs principes et de leurs conséquences.

Je crois compléter d'une manière utile un traité sur le droit pratique des Nations, en indiquant les tribunaux qui, dans les différentes contrées de l'Europe, prononcent

sur les controverses auxquelles ce droit donne lieu ; leur
organisation, l'étendue de leur autorité, leur procédure ;
je ferai connaître plus spécialement ceux de ces tribunaux qui sont établis par les lois de la Grande-Bre-
tagne.

Quoique le cours dont je viens d'esquisser le plan
semble comprendre une grande quantité de sujets di-
vers, toutefois dans la réalité tous ces sujets sont liés
entre eux d'une manière étroite et indissoluble. Les devoirs des hommes, des sujets, des princes, des législateurs, des magistrats, des États, font tous partie d'un
seul et unique système de morale universelle. Entre les
maximes les plus élémentaires et les plus abstraites de
la philosophie morale d'une part, et d'un autre côté les
questions les plus embrouillées du droit civil ou du droit
public, il existe une liaison que mon principal objet est
de bien signaler. Le principe de la justice, prenant profondément racine dans la nature et l'intérêt de l'homme,
pénètre le système entier, et se retrouve jusque dans les
plus minces détails d'une formalité de droit, ou d'un
article de traité.

Je ne sais si un philosophe doit avouer que dans ses
recherches de la vérité il a pu être égaré par quelque
considération, fût-ce l'amour de la vertu. Quant à moi,
persuadé qu'un vrai philosophe doit considérer la vérité elle-même sous le rapport de son utilité pour le
bonheur du genre humain, je ne rougis pas d'avouer que
je trouverai une grande consolation en terminant mes
leçons, si, par un examen à la fois large et exact des conditions et des relations de la nature humaine, je par-

viens à établir fortement cette pensée dans l'esprit d'un seul homme, que la justice est l'intérêt permanent de tous les hommes et de toutes les sociétés. Si je découvre un nouvel anneau de cette chaîne éternelle, par laquelle l'auteur de toutes choses allie le bonheur de ses créatures avec leur devoir, par laquelle il a rattaché indissolublement leurs intérêts les uns aux autres, mon cœur éprouvera un plaisir bien plus vif que jamais celui d'un sophiste éloquent n'en a ressenti de l'énonciation d'un paradoxe ingénieux.

Je terminerai ce discours en empruntant les paroles de deux hommes également orateurs et philosophes, qui ont fixé en peu de mots la substance, l'objet et le résultat de toute la morale, de toute la politique et de tout le droit.

« Nihil est quod adhùc de republicâ putem dictum, « et quò possim longiùs progredi, nisi sit confirmatum, « non modò falsum esse illud, sine injuriâ non posse, « sed hoc verissimum, sine summâ justitiâ rempubli- « cam regi non posse. » — Cic., *de republicâ*, livre II.

« La justice est la grande politique perpétuelle de la « société civile, et chaque dérogation notable à ses « principes, dans quelque circonstance que ce soit, « est fondée sur ce préjugé, qu'il n'existerait aucune « politique au monde. » — *OEuvres de* Burke, t. III, page 207.

FIN.